CATALOGUE
DES
SCULPTURES
EN MARBRE
Statues, Groupes & Vases
DÉCORANT
LE PARC ET LE CHATEAU DE MÉNARS

1008.

CATALOGUE

DES

SCULPTURES

EN MARBRE

Statues, Groupes & Vases

DÉCORANT

LE PARC ET LE CHATEAU DE MÉNARS

DONT LA VENTE AURA LIEU

à MÉNARS-LE-CHATEAU, près BLOIS

(LOIR-ET-CHER)

LE *VENDREDI* 10 *JUIN* 1881

A DEUX HEURES

Par le ministère de MM. les Commissaires-Priseurs de Blois

ASSISTÉS DE

Me DUBOURG	M. CH. GEORGE
COMMISSAIRE-PRISEUR	EXPERT
9, rue Laffitte, à Paris.	12, rue Laffitte, à Paris.

CHEZ LESQUELS SE DÉLIVRE LE CATALOGUE

EXPOSITION PUBLIQUE LE JEUDI 9 JUIN

NOTA. — EXPOSITION PARTICULIÈRE, les huit jours précédant la vente, sur permis délivré :
A Paris, chez MM. GUERIOT, 91, faubourg Saint-Honoré, ESCARRA, avoué, 350, rue Saint-Honoré, DUBOURG, Commissaire-Priseur, 9, rue Laffitte, GEORGE, 12, rue Laffitte.
A Blois, chez MM. les commissaires-priseurs, chez Me Daget, avoué, et à Ménars, chez M. BAGAULT, régisseur.

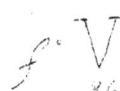

Le domaine de Ménars a appartenu à Mme la marquise de Pompadour de 1760 à 1764, et à M. le marquis de Marigny, son frère, de 1764 à 1781. Ce sont eux qui ont fait reconstruire le château et ont présidé à sa décoration.

Des marbres furent placés dans le parc : statues en vue, décorations et modèles d'époque *Louis XV*, sous Mme la duchesse de Mme de Pompadour, — et *Adam, Pajou, Falconet, de Vinache, Boizot, Pigalle*, etc. se sont compromis par *Bouchardon*, par Bouchardon *la Crainte de l'Amour*, par Lemoyne *les deux monuments* de ces centres nymphes *Pigalle, Pajou* et *Van Loo*, sont des œuvres caractéristiques de la sculpture sous le règne de Louis XV, de manifestations charmantes d'un art décoratif et essentiellement français.

Ces marbres ont été récemment revendiqués, au nom de l'État, par M. le ministre des Beaux-Arts, comme ayant fait autrefois partie de l'ancien domaine royal et en ayant été distraits par M. le marquis de Marigny et de Ménars, intendant des Beaux-Arts et ordonnateur des bâtiments du roi.

Cette revendication a été rejetée par jugement du Tribunal civil de Blois en date du 18 août 1880, confirmé par arrêt de la Cour d'appel d'Orléans du 23 décembre 1880.

Il y a lieu maintenant de procéder à la vente aux enchères publiques de ces marbres, elle est fixée au...

Nous n'avons pas à faire ressortir l'importance de cette vente pour tous les amateurs en son genre.

On aura rarement présenté au sein des enchères un choix aussi intéressant de sculptures françaises du XVIIIe siècle, et offrant à un plus haut degré ces qualités de grâce, de distinction et d'effet décoratif qui, depuis longtemps, ont rendu célèbres les marbres de Ménars.

Après la mort du marquis de Marigny, un catalogue fut publié en 1782, par Basan, à l'effet d'arriver à une vente amiable, sur place, des marbres de Ménars. On conçoit qu'à cette époque cette tentative n'ait pas été couronnée de succès.

Il existe quelques rares exemplaires de ce très curieux catalogue, qui est accompagné de gravures au trait. Nous avons pensé qu'il était intéressant de reproduire textuellement, à la suite de nos désignations, les articles du catalogue Basan.

DÉSIGNATION

ADAM L'AÎNÉ
(LAMBERT-SIGISBERT)

Né à Nancy en 1670, reçu à l'Académie en 1737, élu professeur en 1744. — Mort en 1759.

1 — L'ABONDANCE

Statue en marbre. Haut., 2 m.; avec le socle, 2 m. 10.

C'est Mme de Pompadour qui personnifie l'*Abondance*. Ses traits charmants ont été fidèlement reproduits par l'artiste.

Légère, effleurant à peine le sol dans l'élan de sa course, la divinité tient à deux mains la corne inépuisable de fruits de toute sorte, d'épis, de fleurs, de bijoux et de pièces de monnaie qu'elle sème sur son passage. Une couronne de fleurs s'arrondit en diadème sur son front; ses cheveux, séparés en bandeaux, sont noués au sommet de la tête et retombent en boucles derrière la nuque. Elle est vêtue d'une tunique courte et d'une écharpe flottante qui laissent à nu les seins, les bras et les jambes.

La souplesse du modelé, l'élégance des formes, la grâce exquise des contours, la légèreté de cette figure, qui ne semble pas toucher au sol, ont toujours fait considérer cette statue comme l'une des plus charmantes et des mieux réussies de la sculpture française au xviiie siècle.

Ce marbre a été commandé par Louis XV, pour le château de Choisy, résidence de Mme de Pompadour.

Le modèle en plâtre fut exposé au Salon de 1753. On lit au n° 38 du livret de cette année :

« Par M. Adam l'aîné, professeur, un modèle en plâtre qui représente l'*Abondance versant ses dons sur la terre*. Cette figure, de six pieds de proportion, s'exécute en marbre pour le Roy et doit être placée à Choisy. »

Le marbre ne fut terminé que cinq ans plus tard, livré en 1758, et payé par le roi 10,000 livres, en 1760, aux héritiers de l'artiste, mort dans l'intervalle, le 13 mai 1759.

Il est ainsi décrit au catalogue, publié en 1785 par Basan, des statues du château de Ménars, provenant de la succession de M. de Marigny, marquis de Ménars, etc. :

« N° 16. — Une belle figure debout, de six pieds sept pouces de haut, par Adam l'aîné, représentant l'*Abondance*, avec de riches attributs... »

VINACHE
(JEAN-JOSEPH)
Né en 1696, académicien, a exposé de 1718 à 1747. — Mort en 1754.

2 — L'AURORE
Statue en marbre. Haut., 1 m. 80; avec le socle, 1 m. 92.

L'artiste, comme Adam l'aîné dans sa statue de l'*Abondance*, a pris pour modèle Mme de Pompadour, et les traits de sa divinité rappellent ceux de la belle marquise.

Assise dans une pose nonchalante, l'Aurore est portée sur une nuée. Des roses dans les cheveux, ses ailes à demi déployées, elle tient de la main gauche la torche où brûlent les premiers feux du jour. Son bras droit, entouré d'un bracelet auprès de l'épaule, se déploie dans une courbe gracieuse, et de sa main ouverte glissent les fleurs qui s'éparpillent sur la terre.

Le modèle en terre cuite a figuré au Salon de 1746. On lit sous le n° 117 *bis* du livret :
« Deux esquisses de terre cuite, dont l'une représente l'*Aurore* et l'autre la *Fidélité*; pour être exécutées en marbre, de six pieds de proportion, pour le Roy, sous le même numéro. »

La statue en marbre est ainsi décrite sous le n° 5 du catalogue Basan, de 1785 :
« L'*Aurore*, figure en marbre de 5 pieds 10 pouces de haut, exécutée par Vinache, posée sur un piédestal en pierre. »

PIGALLE
(JEAN-BAPTISTE)
Né à Paris en 1714, admis à l'Académie en 1744. — Mort en 1785.

ET

VERBECK
Agréé à l'Académie; a exposé de 1737 à 1739.

3 & 4 — DEUX VASES MÉDICIS
Marbre blanc. Haut., 1 m. 80.

Deux magnifiques vases, de forme dite *Médicis*, décorés de mascarons, satyres et jeunes femmes et entourés de guirlandes de pampres. Les anses sont formées de têtes de boucs et de béliers; une rangée d'oves fait saillie sur le rebord des vases, dont la partie inférieure est ornée de godrons en creux se perdant sous des feuilles d'acanthe. Le piédouche et ses deux moulures sont couverts d'entrelacs.

Ces vases sont comparables aux plus beaux modèles en ce genre qui se trouvent à Versailles et aux Tuileries, pour l'harmonie de leurs proportions, leur galbe d'une rare élégance, la richesse et le goût exquis des ornements et aussi pour leur exécution de la plus rare perfection.

Ils sont ainsi décrits au catalogue Basan, sous le n° 4 :
« Deux grands vases pareils, en marbre blanc, décorés de bas-reliefs et attributs du *Printemps* et de l'*Automne*, l'un par Pigalle et l'autre par Verbeck, de la hauteur de cinq pieds six pouces; ils sont posés sur des piédestaux en pierre. »

BOUSSEAU
(JACQUES)

Né en 168·, élève de N. Coustou; élu académicien en 1701. Sculpteur du roi Louis XV et premier sculpteur de Philippe V de 1737 à 1740. — Mort en 1744.

---

5 — ZÉPHYRE, FLORE ET L'AMOUR.

Groupe en marbre blanc. Haut., 2 m.; avec le socle, 2 m. 10.

La déesse du printemps, couronnée de fleurs, vêtue d'une tunique agrafée sur l'épaule droite, la jupe relevée sur le genou, est assise sur un tronc d'arbre et tient une rose. Elle semble tout heureuse de la venue de Zéphyre qui, presque nu, dans toute la fraîcheur de la jeunesse et de la beauté, élevant une grappe de fleurs dans la main droite, les cheveux agités par la brise, le corps entouré d'une écharpe aux plis ondulants, vient de poser un pied à terre et semble planer encore.

L'Amour, agenouillé à leurs pieds, tient une poignée de fleurs qu'il montre en souriant.

Commencé par René Fremin, né en 1672 et mort en 1744, ce groupe a été terminé par Bousseau. Il est ainsi décrit au catalogue Basan de 1785 :

« N° 6. Un groupe de trois figures, en marbre, représentant *Zéphyre et Flore, accompagnés de l'Amour*; hauteur de plus de six pieds, exécuté par Bousseau, posé sur un superbe piédestal en marbre blanc veiné. »

LE MOYNE
(JEAN-BAPTISTE)

Né à Paris en 1704, académicien, a exposé de 1737 à 1771. — Mort en 1778

---

6 — LA CRAINTE DES TRAITS DE L'AMOUR.

Groupe en marbre blanc. Haut., 1 m. 72; avec le socle, 1 m. 82.

Une jeune fille dont toute l'attitude respire l'innocence est aux prises avec l'Amour.

Elle contemple avec un sentiment de crainte le petit dieu, qui s'est jeté contre ses jambes et qui, une flèche à la main, se penche en arrière pour la viser au cœur. D'un geste plein de grâce et de candeur, ramenant son bras sur la poitrine, la main ouverte pour se protéger, elle cherche à parer le trait qui va l'atteindre. Les épaules et la gorge nues, elle est vêtue d'une double tunique ouverte sur la jambe. Ses cheveux sont nattés; une voilette retombe derrière la tête.

Au livret du salon de 1771, on trouve sous le N° 229 : « Jeune fille représentant la crainte, modèle en terre cuite. »

Ce groupe porte le n° 7 du catalogue Basan (1785).

« *Vénus repoussant les traits de l'Amour*, figure en marbre de cinq pieds six pouces de haut, faite par J.-Bapt. Lemoyne, posée sur un piédestal en marbre. »

ADAM DE DIEPPE

7 — AUGUSTE

Statue en marbre blanc. Signé : ADAM DE DIEPPE, *fecit*. Haut., 2 m. 75 ; avec le socle, 3 m.

Debout, tête nue, revêtu de la cuirasse, son ample chlamyde agrafée sur l'épaule, il tient dans sa main droite, élevée à hauteur des yeux, le bâton de commandement ; et, dans l'autre main, l'épée courte, qui repose sur l'avant-bras.

Cette belle reproduction du marbre antique conservé à Rome, forme pendant à la statue de Jules César, placée actuellement dans le jardin des Tuileries et exécutée par Théodon.

Basan n'avait sans doute pas vu la signature d'Adam, puisqu'il attribue l'*Auguste* au même Théodon, dans son catalogue de 1785.

« N° 8. La statue d'*Auguste* en pied, de plus de neuf pieds de haut, par Théodon, en marbre blanc, posée sur un piédestal en pierre de deux pieds six pouces de haut. »

CLERION
(J.-C.)

8 — LA VÉNUS DE MÉDICIS

Statue en marbre. Signée ainsi : J. CLERION, *fecit*. Haut., 1 m. 50 ; avec le socle, 1 m. 60.

N° 13 du catalogue Basan.

« *Vénus de Médicis*, faite par J. Clerion, haute de cinq pieds, posée sur un fût de colonne de marbre jaspé de quatre pieds et demi de haut. »

BUSTES

9 — TURENNE

Ce buste n'est plus qu'un fragment ; la tête manque presque entièrement. A titre de curiosité, nous reproduisons cependant la désignation de Basan dans son catalogue de 1785 :

« N° 2. Le buste du vicomte de Turenne, en marbre blanc, de trois pieds deux pouces de haut, posé sur une gaine de marbre blanc veiné, de 4 pieds 2 pouces de haut, d'une parfaite conservation. »

10 — CONDÉ

Très dégradé, comme le précédent ; une moitié du visage manque.

Catalogue Basan : « N° 3. Le buste du grand Condé, de même grandeur que le précédent et faisant pendant. »

11 A 14 — TITUS, VESPASIEN, OTHON, MARC-AURÈLE
Hauteur des bustes, de 1 m. 20 à 1 m. 25.

Catalogue Basan : « N° 1. Quatre gros bustes d'empereurs romains, d'environ quatre pieds de haut, en marbre blanc, posés sur des fûts de colonne en belle pierre ; ils représentent Titus, Vespasien, Othon et Marc-Aurèle. »

L'ABONDANCE
N° 1.

L'AURORE

N° 2.

VASE MÉDICIS
(Profil) N° 3.

VASE MÉDICIS
(Profil) N° 4.

VASE MÉDICIS

(Face) N° 3.

VASE MÉDICIS
(Face) N° 4.

ZÉPHYRE ET FLORE

N° 5.

LA CRAINTE DES TRAITS DE L'AMOUR
N° 6.

AUGUSTE

N° 7.

www.ingramcontent.com/pod-product-compliance
Lightning Source LLC
Chambersburg PA
CBHW062005070426
42451CB00012BA/2685